*você não
sabe o que
vai acontecer
agora*

*você não
sabe o que
vai acontecer
agora*

Débora Cançado

Copyright © 2020 by Editora Letramento
Copyright © 2020 by Débora Cançado

Diretor Editorial | **Gustavo Abreu**
Diretor Administrativo | **Júnior Gaudereto**
Diretor Financeiro | **Cláudio Macedo**
Logística | **Vinícius Santiago**
Designer Editorial | **Luís Otávio Ferreira**
Assistente Editorial | **Giulia Staar e Laura Brand**
Capa | **Sergio Ricardo**
Revisão | **LiteraturaBr Editorial**
Diagramação | **Isabela Brandão**

Todos os direitos reservados.
Não é permitida a reprodução desta obra sem
aprovação do Grupo Editorial Letramento.

Dados Internacionais de Catalogação na Publicação (CIP) de acordo com ISBD

A994v	Azevedo, Débora Cançado de
	Você não sabe o que vai acontecer agora / Débora Cançado de Azevedo. - Belo Horizonte : Casa do Direito, 2020.
	52 p. ; 14cm x 21cm.
	ISBN: 978-65-86025-01-9
	1. Literatura brasileira. I. Título.
2020-501	CDD 869.8992
	CDU 821.134.3(81)

Elaborado por Vagner Rodolfo da Silva - CRB-8/9410

Índice para catálogo sistemático:
1. Literatura brasileira 869.8992
2. Literatura brasileira 821.134.3(81)

Belo Horizonte - MG
Rua Magnólia, 1086
Bairro Caiçara
CEP 30770-020
Fone 31 3327-5771
contato@editoraletramento.com.br
editoraletramento.com.br
casadodireito.com

Grupo Editorial
LETRAMENTO

gostaria de dizer que este é um livro de ficção, mas não é. este é um livro sobre nós. mas, se alguém perguntar, diga que é um livro geracional. é mais leve dizer que a culpa é toda da geração (ou do signo, eu, por exemplo, sou de áries e uso isso o tempo todo). geracional também é uma palavra muito bonita, você não acha? gostaria de tê-la inventado. mas inventei este livro, ao invés. e, que engraçado, estou muito feliz com isso.

para meus avós,
meus pais,
meus irmãos,
para nós que somos dessa geração
e para as outras também, se elas quiserem.

o tempo não volta nunca mais

me pergunto ainda
se é que dará tempo
para alguma travessia
que seja atenta e quente
na falta de um
ao menos um pouco
do outro

percebo aflita
que nenhuma lembrança
demora mais que dois minutos
para ser escrita
o tempo
que uma lágrima leva
da feitura
ao chão que risca

Você não sabe o que vai acontecer agora

fluxo

menina
não se apegue
se decida:
relaxa e vai
ou
relaxa e fica

é muito difícil ser contemporânea

mulheres
perfeitamente
dentro do seu tempo
nem gordas nem magras
nem burras nem sábias
nem altas nem baixas
nem perto nem longe
definitivamente
sem a menor ideia
do que vai acontecer
agora

Você não sabe o que vai acontecer agora

a nova novela das nove

talvez
cedo ou tarde
isso vire uma tragédia
a pilha de xícaras
que vai cair
desastrosamente
pelo chão

não que se possa
evitar

seja só
sopro e sono
sopro e sono
sopro e sono

é impossível
equilibrar
tanto desastre
na mesma mão

Débora Cançado

curta metragem

o cheiro forte
da juventude
desce pelo ralo
da cozinha
vai embora lembrando
uma lástima
um quase anúncio
um ingresso que voa
minutos antes
da entrada do cinema

meu sol em fogo

a mulher no espelho
me olha de volta
sem calor
nem ternura
– pelo menos ainda
isso me resta

envelhecer é um ato de revolta

a minha maturidade
permanece expurgada
coitada de mim
que não sei nada

cinquenta por cento

não me sinto confortável
metade do tempo
em que existo
sempre pedindo desculpa
licença
tem certeza
essas coisas
metade do tempo
em que existo
não vivo
o suficiente

anota

o difícil é entender
que estou condenada
a mim

até você
pode largar o escritório
comprar uma kombi
e sair pela estrada

e não perceber
que não resta nada
além da kombi e da estrada

o difícil é entender
que estamos condenados
a nós

Você não sabe o que vai acontecer agora

quem te disse isso?

o mundo não é das pessoas
que sabem
o que estão fazendo

é daquelas que não sabem
mas fazem
mesmo assim

aquarela

gosto da ideia
de fazer parte
de alguma coisa
que nem sei
o que é
que nem sei
se existe

gosto mais
quando eu sou
o que nem eu
imagino
e quando teço
a mentira
espero
e depois fico rindo
na hora errada

Você não sabe o que vai acontecer agora

é melhor não dizer tudo

tenho medo do escuro
do sangue
de chegar em casa e não ter ninguém
do cheiro que fica
da dor que vem do nada
de que as janelas batam
de que o telefone toque
de que já tenha começado o trailer
de que a imagem capture o que eu estou sentindo
do futuro de não dizer e
do presente de dizer
de esquecer
de não ter o que ser esquecido
de preencher a folha em branco e depois
não restar mais nada

Débora Cançado

antes que eu me esqueça

faz muito frio
mas deus é maior do que tudo isso
deus é maior do que o olhar
que ele não me lança
e da festa
que eu não danço
pressentindo a todo momento
qualquer traço do fim
se eu queria antes
não quero agora
estou ficando tão velha
e deus também é maior do que isso

não há nada

não se engane
um corpo nu é sempre
o corpo nu
há que se tratar como tal
simplesmente
o mazelo e o respeito
de vontades

oração ao corpo

constrói seu corpo como seu corpo fosse um oásis
e nada pudesse distrair você de si
conserva seu corpo como seu corpo
                [fosse sagrado, imaculado,
porque é intenso e só você pode senti-lo inteiro
corrompe seu corpo como seu corpo fosse perfeito
e mostra o que é seu pra quem você quiser
esconde seu corpo como seu corpo fosse secreto
e um segredo tão imenso pode se esconder como puder
amansa seu corpo como seu corpo fosse um mar eterno
e precisasse da calma pra se fazer selvagem

inventa seu corpo como seu corpo fosse uma miragem
e só agora fosse como ele é agora
porque um milagre nunca se mostra igual duas vezes

solta seu corpo como seu corpo fosse vento
e tivesse que correr por aí
trazendo chuva e som por onde passa

sonha seu corpo como seu corpo fosse
                [um desenho minucioso
os traços e jeitos, e encara a si mesmo como uma obra
que nunca estará completa, mas que
                [é eternizada enquanto vive

                              Você não sabe o que vai acontecer agora

regras para escrever uma carta

não comece nunca essa carta pelo final
pelo sempre todo seu (então seja minha)
pelo estou com saudade (então venha depressa)
pela data e lugar (arranhados ambos na garganta)
comece pelas formalidades (disfarçando os pontos retos)
pelas tias, os amigos (mas não há ninguém no mundo
[além de você e eu)
pelos dedos que deslizam no papel (enquanto
[as palavras deslizam pela sua língua)
não comece essa carta pelo adeus (porque
[o adeus dói e queima)
nem pela falta (que escorre e teima)
nem pelo desejo (que acende e apaga)
comece essa carta pela folha em branco
pelo que imaginou antes de escrever o começo.
comece pelo infinito:
só as palavras não escritas
são infinitas
como a falta sem previsão
como o desejo
por correspondência

Débora Cançado

direito de maternidade

e eu que disse
joão
posso publicar
esse seu poema?

ele me disse
pode
o poema é seu

digo
não!
você quem fez
o poema não é meu

ele sorri
sempre tão simpático
agora que você gostou
é seu também

mas acrescenta
só diga a todos
que veio de mim
é muito triste
ver ainda hoje
um filho sem
mãe

não dance a valsa na sala errada

sinto que preciso de poesia
como se poesia fosse a coisa mais bonita
que existisse no mundo
e é
poesia é a coisa
mais bonita do mundo
disparado

o problema é que
nós procuramos nos poemas errados
respostas pra dúvidas que encontramos
dentro de outros olhos

é como ficar tão traumatizada
por algo que aconteceu há vinte minutos atrás
que não é possível voltar e dançar
outra vez naquela sala

Débora Cançado

o crime perfeito

o fato de não querer
te escrever um poema
não significa
ficar calada
não fazer nada
quando estou cega de raiva
munida de caneta azul escura
te desinvento e reinvento
ao meu desejo
e de frente
para a cena do crime
perfeito:
a página em branco

Você não sabe o que vai acontecer agora

noite adentro

eu sei que no seu sonho
eu serei sempre
apenas meio lembrada
você me olhará do escuro
e do escuro
é que meu sonho salta

desejo

passar meus pés pelo chão
em que ainda poderia
estar deitada com
você
não sabe o quanto
não me sai da cabeça
que agora
alguém dança
em qualquer lugar do mundo
e não somos nós

eu me esqueci dos seus olhos

tentei ouvir sua voz
mas com sussurros no fundo
era preciso encontrar alguma solução
as vozes eram confusas
e falavam todas juntas
francês russo espanhol mandarim
a junção de todos os cursos de línguas do mundo
que alguém resolveu chamar de torre de babel
foi preciso
parar tudo
todos os aviões que talvez partissem
todas as pessoas que talvez viessem
e depois fossem
fazer todo o silêncio
dentro dos seus olhos que não piscaram
nunca mais

avisa

meus pés fazem que dançam
mas dançar é um esforço ralo
estou te vendo tanto que dói
essa luz que cruza o seu rosto
não se mova ou esse instante evapora
meus dedos meu corpo seu rosto
esse instante evapora
faz que sim mas não deixe
que eu dance sozinha
que eu queira o que quer que seja
quando tudo for o escuro

por favor
não se esqueça de me ligar
quando você chegar em casa

Você não sabe o que vai acontecer agora

a dinâmica da mágica

as coisas que somos
e as coisas que
consumimos
têm estática
têm isso que passa
por entre os dedos
e vai se emaranhado
fazendo nós e nós
nos nossos pelos
dando a impressão
de que estamos olhando
para o lado oposto
e fazendo com que
a dinâmica distante
se esconda ainda
por muito tempo
depois

o susto é pouco

tão lindo
quanto
o hipnotismo
ou algo
que ainda não tem nome

ou concatenar
o espaço
com o que vier
além

ou procurar
entre linhas vazias
qualquer traço de nuvem

ou saltar
no meio do atraso
pensando
já ser o ensaio

Você não sabe o que vai acontecer agora

sobre

as pessoas
olham rápido
mais uma vez
dava pista falsa
dos lugares errados
por isso
não havia nunca
como encontrá-la
nem para imaginar onde
esteve a noite inteira
quando aparecia com os cabelos assim
se qualquer bar
ou uma boate atravessada
no porão de uma padaria
quem são seus amigos
havia, porém, um indício
quando tocava essa música
ou aquela
ela fechava os olhos
e sobrava um silêncio imenso
poderia transbordar
se então pudesse
e ainda assim
seria a falta inteira

Débora Cançado

absinto e coca

o motorista erra o caminho
pela quarta vez
exagera
eu também
no meu cheiro de cigarro
tosse copiosamente
mas eu me distraio
disfarço porque me convenço
que a raiva dele logo descasca
feito as minhas unhas
descolorindo em vermelho
se ele me acusar eu corro
não posso negar nada
o que não se nega se esconde
no caminho longo e torto
de volta pra casa

Você não sabe o que vai acontecer agora

monólogo às três da manhã

espero pelo dia em que você vai me dizer
tá tudo bem olivia as contas vão se pagar sozinhas
o cobrador esse mês não vai bater na nossa porta
hoje o jantar sou eu que faço
deixa que eu mesmo conserto a estante
não eu não estou te deixando mais

quem

como é impossível
não conhecer alguém
que conhece alguém
que conhece alguém
que a gente conhece
que em algum momento
não tenha estado
embaixo das mesmas luzes
ou do mesmo céu nublado
antes desse

você pelo mundo

é que vendo as fotos
eu imaginava
vestidos
viagens
sacolas da tiger
bilhetes de metrô
embalagens amassadas
a barra se sujando até o mar
cabelos que voam da janela
solos de sax para fechar os olhos
aquele museu que só abre às terças
seu moletom que se perdeu pelo caminho
discotecas escondidas na rua que corta
amigos que evitam ir ao zoológico municipal

e você correndo
numa esquina
com um muro laranja
no fundo

Débora Cançado

quatro coisas

uma casa
em minas gerais
e alguém de quem
sentir uma falta
imensa
um pouco de calor
em meio rosto
iluminado de sol
por acaso
e lápis de cor
para colorir
à vontade

Você não sabe o que vai acontecer agora

a foto polaroid é a última

o fato é que essas coisas são muito modernas
seguir o perfil de um jornalista alemão no instagram
e depois conversar sobre a rodoviária de trieste
quando acabou de achar uma foto polaroid em são paulo
mais tarde se encontrar com alguma amiga
que por um acaso fez intercâmbio pra romênia
em uma casa de chá em belo horizonte

registro de atividades

00:05 curtiu a página de uma artista neo experimental
00:07 mandou pra ele um beijo num cartão postal
00:13 decidiu se mudar de uma vez pra china
00:23 já estava de volta da califórnia
00:45 rabiscou sua última obra no guardanapo
00:56 adormeceu no sofá que aquieta tanto o mundo todo

Você não sabe o que vai acontecer agora

abril

então o cheiro
se esvai um pouco
porque já é abril

eu sei
ela diz
eu me lembro

querido diário itinerário

03h27 - paramos em um restaurante na estrada
eu sempre apressada
desço antes subo antes
depois espero aqueles
que vivem com calma

06h11 - chegamos em são paulo
o dia é o maior mistério que existe
o trânsito por outro lado
nenhum suspense
sempre engarrafado

08h02 - um cookie gelado um chocolate quente
na haddock lobo
essa tradição que criei sozinha em silêncio
não imagino o porquê
tanto açúcar nunca me salvou de nada

14h05 - planejo ir ao show do buena vista
provavelmente os ingressos
serão o preço exato do meu rim esquerdo
mas nenhum dos meus amigos
gostaria de ir comigo
lembrete: preciso de novos amigos
não consigo atrapalhar a festa de ninguém
com a minha festinha

14h07 - alguém observa
que o show do buena vista
é um cover que toca
quase todo dia
quem sabe agora
consigo pagar a entrada?

Você não sabe o que vai acontecer agora

14h08 - meus amigos
    se interessam menos ainda
    com certeza vamos acabar
    em algum restaurante caro
    com a mesa lotada
    de pessoas que não vou lembrar
    o nome, mas com certeza
    vou adivinhar o signo

18h03 - é impossível entender
    qualquer coisa com tanto barulho
    por que eu não estou naquela mesa
    em que quatro amigas
    tiram fotos fingem o hábito
    comem bebem em silêncio?
    preciso dizer ao c. que na noite passada
    sonhei que ele dormia na mesa ao lado
    ele vai me entender
    mas não agora com tanto barulho
    seria um desperdício

21h01 - alguém muito inexperiente sugere
    que a noite se expanda em alguma boate
    na augusta finjo animação
    na minha cabeça saio correndo
    que bobagem
    é impossível agir fora do script
    quem será que escreveu
    esse maldito texto em que tudo
    sempre dá errado no final
    mesmo dando certo no começo?

23h59 - mas por que você não chega mais perto
    e decide me conhecer com as mãos?
    talvez mais tarde eu crie coragem
    e te confesse tudo ou não talvez não

Débora Cançado

geração zê

a música da nossa geração
será todo homem
e ninguém sabe disso ainda
as pessoas estão distraídas nos bailes funk
mas não sabem que em breve
o funk será o novo foxtrote

em algum lugar depois
todas as pessoas se lembrarão
de recitar só o amor seguinte

em breve ainda ficarão esquecidos
as rádios e os cartões-postais
mas as músicas e as viagens
serão eternas até o fim do ano que vem

todo o fluxo de tempo e espaço
a partir do próximo outono
ficará congelado
nas férias que passaram
e nas férias que virão
por isso todos os calendários
marcarão para sempre
os dias errados

mas nada disso será importante
porque em breve
só esperaremos pelos momentos
que não existem mais
e nós nem sabemos disso ainda

Você não sabe o que vai acontecer agora

não me diga

das cinquenta e três coisas
que passam pela minha cabeça
agora
nenhuma esquece

rota de fuga

eu sei que na vida
a gente anda pra frente
mas nada impede que
às vezes
a gente vá mais rápido
indo pela diagonal

9	*o tempo não volta nunca mais*
10	*fluxo*
11	*é muito difícil ser contemporânea*
12	*a nova novela das nove*
13	*curta metragem*
14	*meu sol em fogo*
15	*envelhecer é um ato de revolta*
16	*cinquenta por cento*
17	*anota*
18	*quem te disse isso?*
19	*aquarela*
20	*é melhor não dizer tudo*
21	*antes que eu me esqueça*
22	*não há nada*
23	*oração ao corpo*
24	*regras para escrever uma carta*
25	*direito de maternidade*
26	*não dance a valsa na sala errada*
27	*o crime perfeito*

28	noite adentro
29	desejo
30	eu me esqueci dos seus olhos
31	avisa
32	a dinâmica da mágica
33	o susto é pouco
34	sobre
35	absinto e coca
36	monólogo às três da manhã
37	quem
38	você pelo mundo
39	quatro coisas
40	a foto polaroid é a última
41	registro de atividades
42	abril
43	querido diário itinerário
45	geração zê
46	não me diga
47	rota de fuga

- editoraletramento
- editoraletramento
- grupoletramento
- casadodireito.com

- editoraletramento.com.br
- company/grupoeditorialletramento
- contato@editoraletramento.com.br
- casadodireitoed
- casadodireito

Grupo Editorial
LETRAMENTO